이명선의 시와 수필

괜찮니?

『두번째 시집을 펴내면서』

　괴테는 "눈물의 빵을 먹어보지 아니한 사람과는 인생을 논하지 말라."하였습니다.

　첫번째 시집 〈바위틈에 핀 꽃〉을 출판하고 이번에 두 번째 시집 〈괜찮니?〉를 상재하면서 살아온 길 뒤돌아보니 서러운 인생길 구비 구비마다 눈물의 사연이 깔려 있었습니다. 질곡에 묻혀 생명의 꽃을 피워 보려고 몸부림쳤던 흔적들이 지울 수 없는 아픔으로 동맥의 핏줄처럼 흐르고 있어 또 한 번 토해내지 아니하면 안될 것 같아 그동안 통증을 이기려고 낙서처럼 끄적거렸던 묵은 노트를 다시 찾아 원고정리를 하였습니다.

　꺾여진 꽃이 다시 한 번 핀다는 것은 결코 쉬운 일이 아니란 것을 독자들은 잘 알고 있을 것입니다. 그래서 그런지 자연의 모든 것이 화려하기 보다는 안쓰러워 보였고 생존 자체가 고통으로 보일 때가 많았습니다. 담장 밑에 핀 코스모스도 안쓰러워 보였고 절벽에 가느다란 뿌리를 박고 아스라이 서 있는 소나무 한 그루에게도 "괜찮니?" 하는 안쓰러운 질문을 던져 보기도 하였습니다.

  삶의 아픔을 시로 승화시킨다는 것이 시인에게는 큰 위로가 되어 삶의 희망을 되찾은 부활의 심정입니다. 조개의 고통 속에서 진주가 만들어 지듯이 두번째 시집을 상재하면서 꺾여진 인생을 다시 꽃피우는 심정으로 시어를 찾아 헤매었습니다. 이 시를 읽는 독자들에게 삶의 공감을 함께 누리기를 바라면서 제3집에는 더 좋은 시집을 낼 수 있도록 성원을 부탁드립니다.

  끝으로 시에 맞는 그림을 손수 그려준 손자 허지호에게 감사하며, 시평과 함께 추천서를 올려주신 도한호 국제펜 이사님과 원고정리를 해주신 양건상 목요문학회 회장님, 편집해 주신 현수지님께 감사를 드립니다. 그리고 엄마의 삶에 위로와 용기를 아낌없이 불어 넣어주고, 효를 다해준 자녀 박현주, 박현옥, 박제명, 박현, 이재태, 김운기, 허승길에게 이 책을 헌정합니다.

2024년 4월 10일 계룡서재에서
저자 이명선

■ 추천의 글

자연에 대한 경건을 노래한 시와 유머와 해학이
담긴 산문 이명선의 시집 「괜찮니?」를 읽고

– 도한호(시인, 국제펜 한국본부 이사)

 이명선 시인은 수년 전부터 〈목요 문학회〉 회원으로 가입해서 꾸준히 공부하며 글을 써온 분이다. 또한, 그는 일찍이 대한예수교장로회 총회개혁신학대학원을 졸업하고 목사로 임직받아 대전에서 중부장로교회를 설립하기도 했다. 그래서 그의 시와 산문 속에는 조물주에 대한 신심이 편편이 나타난다.

 이 명선은, 「목요 문학」 제9호(2024년 봄호) 신인 작품상 수필 부문에 응모해서 당선되어 데뷔한 수필가이다. 그의 수필 작품 세 편 중 당선작, "늦게 깨달은 후회"에 대한 작품 평을 쓴 사람으로서, 이번 작품집에 자신의 문학 장르인 수필보다 시가 월등히 많은 것을 보고 놀랐다. 그는, 문학 공화국 안에서는 누구나 장르에 제한받지 않고 글을 발표할 수 있다는 사실을 잘 보여주고 있다.

필자가 두 번째 놀란 것은, 그의 시를 읽으면서였다. 그의 시는 간명하고, 행을 잘 조정해서 시각적으로 신선감을 주며, 내용 또한 군더더기 없이 소박하다. 이명선의 시는 저자가 "산문"이라고 제목을 붙인 시집 끝부분의 〈상실〉. 〈독백〉. 〈가치〉, 〈엄마의 추억 방〉 등 몇 편을 제외하고는 거의 전부가 한쪽 분량을 넘지 않는다.

그의 시집, 첫 번째 시는 그의 시의 특징을 잘 보여준다.

> 클로버 하얀 꽃 사이로
> 땅벌이 날개 치며
> 사르르 앉아
> 사랑을 고백한다
>
> 날개로 온몸을 닦아주는
> 저 아름다운 사랑
> 무지개색 구름이
> 찬란하게 비춰준다
>   〈클로버꽃과 땅벌의 사람〉, 전체

시인은, 땅에 납작 엎드려서 자라면서 영역을 넓혀가는 식물, 클로버와 땅속에 집을 짓고 분주하게 드나드는 동물(곤충)인 땅벌을 대조하며 동시에 동질성을 추구했다. 이 시는, 한 번 읽을 때는 단순해 보이지만 신인 문학가 이명선의 문학에 대한 소질이 엿보이는 좋은 시이다.

추천자는, 이명선의 시 가운데서, 자연에 대한 관찰과 감성이 잘 그려진 시는 제1부에 수록된 〈황혼〉이라고 생각한다. 지면이 넉넉하지 않지만 전재하는 바이다.

> 태양의 하루가 서산에
> 목을 매달면
>
> 서러운 듯 아쉬운 듯
> 노을빛 가득히 깔렸어라
>
> 긴 그림자는 땅거미에
> 묻혀가고
> 숙연한 낭만이 거룩해지는 순간
> 생의 아쉬움이 파고든다
>
> 〈황혼〉 전체

황혼은 자연과 그 자연을 이끄는 계절과 시간 속에 나타나는 "한순간"에 불과하지만, 사람은, 이 시인이 말한 그 "숙연한 낭만이 거룩해지는 순간"을 무심하게 지나쳐버리지 않는다. 시인은 그것을 "숙연한 낭만"이라고 생각했고, 세상을 창조하신 조물주 하나님을 믿고 그의 뜻을 세상에 전해온 시인은 그 순간을 사람이 "거룩해지는 순간"이라고 표현했다. 자연 속에 절제된 아름다움이, 시인의 가슴 속에서 거룩함으로 승화하는 순간이다.

〈가을 서정〉, 〈봄〉, 〈가을 1, 2〉, 〈기다림〉, 〈단풍〉 등의 시편들이 모두 같은 맥락의 시이다.

이 시집 말미에는 이명선의 데뷔 장르인 수필 세 편이 수록되었다. 그의 수필, "볏 짚단 속에서의 꿈," "어르신이라 불린 나이," "늦게 깨달은 후회" 등 세 편의 수필은 각각 독특한 특징을 가진 작품이다.

"볏 짚단 속에서의 꿈"은 유년 시절과 성장 과정에서 가졌던 꿈과 추억을 그린 작품이며, "어르신이라 불린 나이"는 세월의 무상함을 활달하게 그린 작품으로서, 어디 내놓아도 손색없는 해학이 담긴 수작(秀作)이다.

추천자가 생각하는 이명선의 작품의 특징은, 첫째로 그의 시는 시답고 그의 산문은 산문답다는 점이다. 그의 시는 행이 정연하고 표현이 간명하며, 전달하고자 하는 뜻을 쉽게 전달했으며, 그의 산문에는, 앞서 언급한 바와 같이 유머와 해학이 넘친다.

두 번째 특징은, 그의 시는, "나의 생애가 자연의 경건으로 연결되기를 원하노라"하고 노래한 워즈워스의 시 「무지개」를 연상하게 하는 자연과 자연을 창조하신 하나님에 대한 경건성 위에 쓰였다는 점이다.

  표현이 쉽고 단순한 듯하면서도 의미를 간직하고 있는 짧은 문장들이 그의 세 번째 특징이다.

  아름다운 데뷔와 좋은 시집을 상재한 이 시인에게 축하와 격려를 보내는 바이다.

2024년 4월 20일

추천의 글

- 양건상(시인, 목요문학 발행인)

〈괜찮니?〉라는 제목의 시집 원고를 받아들고 좀 특이한 제목을 정했기에 호기심을 가지고 다른 일을 제쳐놓고 같은 시인으로서 이명선 시인의 세계에 뛰어들고 싶어 원고를 세심히 들여다보며 읽기 시작했다.

시인의 고달픈 일생이 좌절하지 않고 풍랑과 맞서는 강인함과 그러면서도 여성으로서의 부드러운 심성을 간직하려는 애태움의 흔적이 여실히 녹아 있었다.

"질곡 속에 핀 꽃"

- 생략 -

피워보지 못한 채 꺾여진 꽃몽은
참참한 침묵에 갇혀
묵묵히 서러워 눈물만 흘리네

하늘이 알까요
달님이 알까요
바람아 말해다오

- 생 략 -

 해방 후 한국전쟁이 일어나고 봉건의 잔재와 청산되지 아니한 일제의 악습이 뒤범벅이 된 혼란한 사회환경 속에서 앳된 소녀가 살아가기에 너무 힘겨운 시대에 시인은 회오리바람처럼 몰려오는 격랑속에 한송이 꽃으로 피워보지 못한 채 꺾여진 상처를 입고 온몸으로 부딪히며 살아온 인생의 굴곡을 회상하며 한 편의 시로 승화 시키며 새로운 생명의 부활로 다시 태어나 삶의 아름다움을 노래하고 있으니 이 얼마나 아름다운가!

 추천인은 〈괜찮니?〉라는 시집을 기꺼이 추천하여 많은 사람들에게 읽혀지기를 고대한다.

2024년 4월 22일

서재에서

[차례]

02 시인의 말
04 추천의 글 _도한호(국제펜 한국본부 이사)
09 추천의 글 _양건상(목요문학 발행인)

시

1부 클로버 꽃과 땅벌의 사랑

022_ 클로버 꽃과 땅벌의 사랑
023_ 횃불
024_ 귀뚜라미의 자장가
025_ 봄
026_ 가을 서정
027_ 황혼
028_ 해당화 필 무렵
029_ 낙엽

[차 례]

2부 질곡속에 핀 꽃

032_ 피에 젖은 하얀 손수건
034_ 살구
035_ 멋진 삶
036_ 질곡속에 핀 꽃
038_ 봄비가 내리는 날
039_ 하얀 머리
040_ 강
041_ 불러도 대답없는 이름이여

[차 례]

3부 무게없는 사랑

044_ 민들레
045_ 홀로 서 있는 맨드라미
046_ 무게없는 사랑
048_ 가을바람
050_ 돌아올 수 없는 얼굴
051_ 대추잎
052_ 철쭉꽃과 속삭임
054_ 가을(1)
055_ 가을(2)

[차례]

4부 텅 비워진 바다

058_ 기다림
059_ 단풍
060_ 봄(1)
061_ 봄(2)
062_ 텅 비워진 바다
064_ 태풍 '카눈'
066_ 천리향
067_ 새싹

[차 례]

5부 괜찮니?

070_ 덕적도
071_ 괜찮니?
072_ 단풍의 마지막 인사
074_ 잔디밭에 머무는 바람(1)
076_ 잔디밭에 머무는 바람(2)
077_ 가을비
078_ 쫓겨가는 가을
080_ 자연처럼
081_ 가을 밤

[차례]

6부 은빛파도

084_ 은빛파도
085_ 행복과의 동행
086_ 코스모스 피어있는 길
087_ 갈매기와 파도
088_ 제비가 왔어요
089_ 행운의 클로버

[차례]

동시

092_ 가로수와 매연
094_ 성황당 까치
095_ 썰물과 밀물
096_ 하얀 눈꽃
098_ 장미의 눈물
100_ 주렁주렁
101_ 봄
102_ 벼 이삭
103_ 눈 미끄럼틀

[차례]

산문

106_ 상실
110_ 독백
114_ 가치
117_ 엄마의 추억방

수필

122_ 벼 짚단 속에서의 꿈
129_ 어르신이라 불리워진 나이
134_ 늦게 깨달은 후회

1부

클로버 꽃과 땅벌의 사랑

클로버 꽃과 땅벌의 사랑

클로버 하얀 꽃 사이로
땅벌이 날개 치며
사르르 앉아
사랑을 고백한다

날개로 온몸을 닦아주는
저 아름다운 사랑
무지개색 구름이
찬란하게 비춰준다

횃불

고운 디딤돌이 되기 위해
자신의 향기를 내뿜는
물체가 있고

그 속에 감추인 향기를
쌓아 놓은 연약한
그릇이 있다

그 중에는 횃불처럼
뿜어내어 세상을 밝히는
아름다운 향기도 있으며

그 향은 수많은 사람들이
밝은 눈으로 봐야
보이는 듯

맑은 눈으로 보아야
보이는 것입니다

귀뚜라미의 자장가

가냘프고 애처로운
귀뚜라미 노랫소리
달맞이 사랑 찾는
귀뚜라미 자장가

아름다운 목소리로
견딜 수 없는 사랑 찾아
애처로이 울부짖는
눈먼 사랑
등불 하나 달아 줄까

수염을 싸잡으며
이리 뛰고 저리 뛰는
애처로운 달빛사랑
청아하고 가냘픈
귀뚜라미 귀뚤귀뚤
귀 기울이며 스르르 잠이 드네

봄

높고 넓은 하늘 위의 하늘
그 위에서 흐르는 눈물은
낮고 낮은 산천 초목을 적셔
푸르고 푸른 초장을
다듬는다

양볼에 불그스레
미소 짓는 제비꽃 틈 사이에
아지랑이 찬란한 은빛
아롱거리는 빛 속에
살바람 사르르 스며든다.

가을 서정

가을이 간다
계절의 이별이 아쉬워
단풍잎 사이를 걷는다

바람결에 날아가는 낙엽은
아쉬운 흐느낌으로
발밑에서 뒹군다

서정시에 푹 빠져드는
가을의 아침이
코트 자락 휘날리는 바람과 함께
마음을 싱숭*하게 한다

*싱숭: 안정되지 못한 마음

황혼

태양의 하루가 서산에
목을 매달면

서러운 듯 아쉬운 듯
노을빛 가득히 깔렸어라

긴 그림자는 땅거미에
묻혀가고
숙연한 낭만이 거룩해지는 순간
생의 아쉬움이 파고든다

해당화 필 무렵

장독간 돌 틈에 자라난 해당화
붉게 피어나
천둥번개를 유혹하는 힘이여

처마 밑의 빗줄기로
너의 정열을 삭히려는가
떠나간 님의 연정을
끊어버리는 아픔의 눈물인가

낙엽

한해살이 힘들었나
오색 핏빛으로 물들어
오고 가는 나그네의
눈요기가 되었네

단풍미인의 눈물인가
가을비 내려
아스라이 품고 땅에 눕히니
비단 이불로 알록달록하여라

2부
질곡속에 핀 꽃

피에 젖은 하얀 손수건

고향 찾아오시는 님
오실 때에는
마주 앉아
기쁨의 눈물
흐르고 흐르되

높고 높은 백두산
언덕 위에 오솔길
조심조심 걸어서
어서 옵소서

오실 때
걸음걸음
놓은 돌다리
징검징검
걸으며
어서 옵소서

가슴에 맺힌 빨강 물줄기
흘러내리면
피에 젖은 하얀
손수건
내밀 때
알아 보리다

살구

꽃잎이 밀려나고
열린 것이 열매구나
옅은 살색의 열매

보암직하고 먹음직하여
그 탐스러움을 입에 넣으니
새콤함이 전율로 떨린다

하와가
선악과를 먹은 감정이
이러했을까

멋진 삶

늘어진 능수버들은
바람결에 나비가 되어
하늘하늘 춤을 추며
나를 부르네

축 늘어진 가지에서
태평세월 노래하니
황혼에 아름다운 하늘빛이
아롱다롱 하구나

쉬지 않고 달려온 길
조롱박에 땀방울 가득해도
시원한 회오리바람은
멋진 삶 살았다고……

질곡속에 핀 꽃

화창한 봄날에 붉게 핀 한 송이 꽃
심술궂은 길손이 짓밟고 갔네

피워보지 못한 채 꺾여진 꽃몽은
캄캄한 침묵에 갇혀
서러운 눈물만 흘리네

하늘이 알까요
달님이 알까요
바람아 말해다오

아~ 피지 못할 운명
쓰리고 아픈 가슴
멍들어 핏물을 토할 때

지나가는 외로운 뻐국새 한 마리

뻐국- 뻐국-

세월이 약이랍니다

봄비가 내리는 날

소리 없이
내려오는 봄비는

편지로 조용히 속삭이며
새싹을 틔운다

사랑의 편지 받는 날
매화꽃이 반가워 입술을 터트린다

봄비 맞으며 사뿐히 걸어오는
님의 모습 아련하다

하얀 머리

희끗 희끗 새치가 나오더니
어느덧 하얀 구름 모자가 씌워졌다

허락도 없이
돈으로 사지도 않았는데
백발 모자를 씌웠다

한 번 쓰면 벗지 못할 모자
백두산의 설경은 녹기라도 하지

하얀 면류관은
인생의 정상(頂上) 인가?
아니면 종점(終點) 인가?

강

묘지 사이에
한 그루의 할미꽃
허리 굽어살피니
소쩍새가 슬피 우네

지나가는 나그네
어이하여 울고 있노

슬픔이 물이 되어
흐르고 흐르니
계곡으로 지나
줄줄 내려
강을 이루네

불러도 대답없는 이름이여

어머니~ 어머니~
박꽃 같은 예쁘던 손, 맵시 있고 날렵한 발
얼굴에 세월은 그 예쁜 어머니를 빼앗아가고
하얀 머리 희끗희끗 날릴 때

어머니는 땅벌레로 별명이 붙더니
킹콩 같은 검은 얼굴에
굵은 주름살이 깊게 패이고
일만 아는 황소가 되었다

마음만은 고와서 일편단심
주님을 향한 주 바라기 꽃이라서
사랑의 향기로 기도 불 피우던
천사도 흠모하는 사랑의 순애보

아직도 내 눈에는 벚꽃같이 고왔던
어머니의 그 아름다움이
변함없는 인증 사진으로 남아있어요

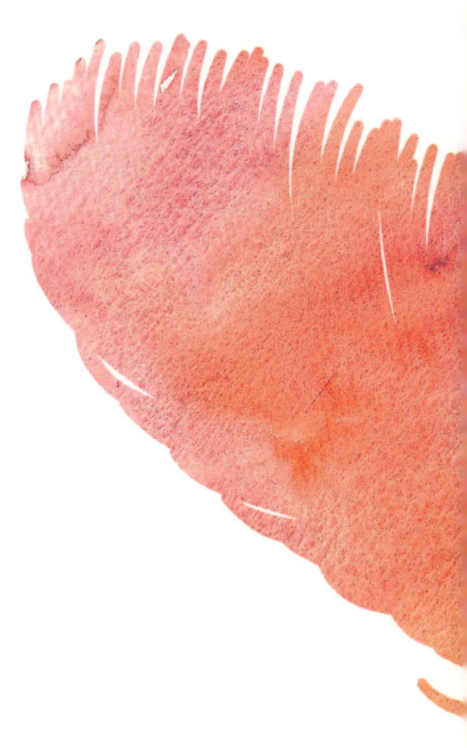

3부

무게없는 사랑

민들레

어디서 날아와
부끄러워 틈바구니
웅크려 겨울잠 이겨내고

봄볕 양지 끝에서
햇빛에 입맞춤하고
환한 미소로 꽃피워

오직, 난 그대 밖에 몰라요
한 송이 꺾지 마시고
발걸음만 남겨주세요

홀로 서 있는 맨드라미

화려한 너의 왕관은
담 밑에 외롭게 떨고 있구나

인증 사진 찍어
외로움 달래줄 때
맨드라미는 웃고 있었다

무게없는 사랑

무게와 형체도 없는
그것이 사랑이다

예쁜 무지개와 같이
둥글둥글 한 지구처럼
모든 것을 감싸 줄 수 있는

그것이 사랑이다

사랑은 나눌수록
더 많아진다
속이 꽉 차 있는 것을
비워보자

그것이 사랑이다

주는 것 값없이 그냥
빈 그릇 속에 꼭꼭 담아
이웃에 넘치도록 부어주자

그것이 사랑이다

가을바람

기다리고 기다리던
솔솔 불어오는
농부님이 기뻐하는
가을바람

가로수가 기다렸다는 듯이
색동옷으로 갈아입으니
기뻐하며 머리를 풀고
하늘보고 고맙소
인사 나눈다

낙엽이 한잎 두잎
내려오니
지나가는 나그네가
사정없이 짓밟고 가네

바스락 바스락
아파요! 아파요!
통증을 호소한다
모르는 척 스쳐가는
가을바람

돌아올 수 없는 얼굴

일 년에 한번 맞이하는
추석이 돌아오면
활짝 핀 국화꽃을
손에 들고 가는 곳이다

두 번 볼 수 없는 얼굴
이번에도 가 봐야지

울먹이던 세월도
이젠 마지막인가 보다
너의 생명도 귀중하구나
한번 꺾이면
돌아올 수 없는 걸
벌써 십여 년이 지났구나
꺾어진 국화야 미안하다

다시는 꺾지 않으리

대추잎

야들야들 하늘하늘
뭐가 그리 좋은지
뭉개 구름 바라보며
웃고 있네

살살 불어오는
노랫소리에 장단 맞추어
주변을 휘돌아보며

먼지 나는 마당도
쓸어주는구나

바둑이가 꼬리 물고
빙빙 돌며 기뻐 춤추네

어머나!
떨어진 대추하고
놀고 있구나

철쭉꽃과 속삭임

산책길 오르막길에
메마른 철쭉
뭐가 그리 보고픈지
애타게 기다리네

나왔어 뭐 줄까
꽃잎을 펴야지

속마음을 들여다보니
맞다 알았어
바로 그거야
조금만 더 참아
이것 땜에 기다렸지?

속이 다 타고 애간장이
녹았겠구나

그래 빨리 가져다줄게
많이 먹어 목마르지?

이제 꽃잎을 펴 봐
등산객들이 이뻐 할 꺼야

가을(1)

실바람 나뭇가지 타고
두둥실 어데서 올까

북녘 하늘 어두운 구름
살며시 내려 스며드는
옷깃에

어쩔까 쩔쩔매는 실바람
얄팍한 속옷이 두꺼워
지는구나

이것이 가을인가
코스모스 꽃잎에

나비는 오지 않고
땅벌만 즐기며
웃고 있네

가을(2)

슬퍼 흐느끼며
눈물 흘릴 때

높은 곳 구름 위
날개를 치며

살살 부채질하네
몸부림치는
단풍나무 가지가 아름답구나

하늘 한번 바라보고
길을 한번 쓸어보고
떨어지는 잎새

아... 이것이 가을이련가

4부
텅 비워진 바다

기다림

나를 감싸주는 너잖아
지금 가고 있어

활짝 핀 들국화가
나를 바라보며
손을 흔드네

잘 있어 다음에 또 만나자
뭘 가져갈까?

부엉이가 나를 바라보며
재촉하잖아
기다려줘서 고마워

단풍

산천은 단풍미인으로
곱게 물들고
햇빛은 오색 화장을 입힌다

소쩍새는 이리 날고 저리 날며
오색 치마저고리를 더듬네

황혼에 물들은 단풍은
날 오라 부르건만
무거운 발걸음 떨어지지 않네

봄(1)

바람이 흔들 흔들

내음 속에 봄이 온다

발치 밑에 꿈틀 꿈틀

민들레가 부스스 일어난다

자연은 속일 수가 없다

봄(2)

훈훈한 바람이 옷깃을
스치네

알을 많이 낳았네

얼음 속에서도 눈굼자리들이
재미있게 놀고 있구나

지긋이 눈을 떠보는 버들강아지

텅 비워진 바다

바다가 썰물이 되고 나니
감추었던 갯벌이 자유를
찾았구나

사막 같은 모래 위를 걸으면서
빛을 보았다

금모래 은모래 아름다운 빛
눈을 훔치며 살그머니 걸어본다

헝클어진 머리카락 휘날리며
미소 짓는 입술을 감추며

콧노래도 불러본다
멀리 아주 멀리 출렁이는

찬란한 은빛은

텅 비워진 바다를

채우리라

태풍 '카눈'

무엇이 그리 분하고 아파서
온 세상을 사나운 바람 속에 눈물바다를 만드는가
카눈! 그만 좀 불어라
너의 별명은 달콤한 과일인데
왜 그렇게
하늘을 울리고 땅을 울려

비행기는 날개를 접고
깊은 잠에 빠져 있는데
카눈의 야속한 눈물은
멈출 줄 모르고
너도 울고 나도 울고 모두를 울리네

카눈아!
이제는 그만 울어
과일들의 풋사랑이
익지 못한 채 떨어진다

너의 달콤함은 끝내
쓰라린 아픔으로 상처를 남기는가

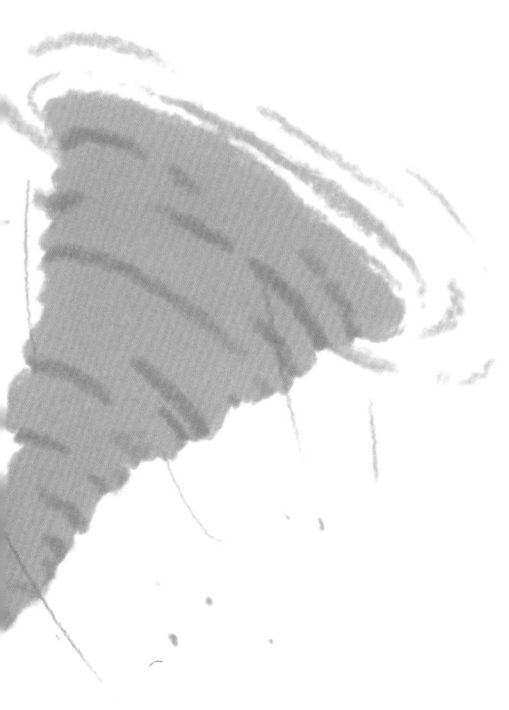

천리향

봄이 낯 간지럽히는데
천리향이 코끝을 간지럽히네

꽃몽이 펴지고
너의 자태 그윽할 때
천리 끝 님에게도 달려가겠지

빨강 립스틱 바르고
사랑의 나비로 날아가리라

새싹

눈 녹은 뜨락에
따스한 햇살 내려오니
숨어있던 풀잎이
쏘옥 고개 내밀어 입맞춤하네

순하디 연한 순정으로
기다림의 시간이 너무 길었다고
햇빛품에 안겨 토닥거리며
사랑해달라고 보채네

5부
괜찮니?

덕적도

외로이 뜬 섬에
파도는 철썩거리며
밤새워 위로하고

날이 새면
갈매기 기러기 노래하며
다가온다

누억의 세월 동안
파도에 깎인 조각들
태양빛은 머금고
찬란하게 반사한다

괜찮니?

바위틈 낭떨어지에 뿌리박고
아스라이 서 있는
소나무 한 그루
마음마저 찡해진다

뜨거운 햇볕을
온몸으로 견뎌내는
저 삶의 투쟁이 가련하다

외로움과 고달픔을
철갑으로 두르고
꿋꿋히 서 있는
소나무에게 묻고 싶은
한마디
괜찮니?

단풍의 마지막 인사

늦가을 찬바람이 창을 두드린다
한 해를 보내는 회한으로
떨어지는 단풍을 본다

낭만에 젖은 아쉬움에
떨어지는 단풍미인들 책갈피에
곱게곱게 끼워본다

늘어지는 앙상함을 어떻게
겨울을 버틸까

가지는 하늘을 바라보며
인사한다

늦가을 찬바람이 옷깃을 날린다
한 해를 보내는 아쉬움이 밀려온다

추억의 방에 남기려고
오색단풍 주워 모아 책갈피에
곱게곱게 끼워 놓아본다

앙상한 가지는 겨울내
하늘을 쓸며
봄을 기다리겠지

잔디밭에 머무르는 바람(1)

검은 바위 때리며 부서지는 파도는
푸른 하늘에 소망을 토하며
하얗게 춤을 춘다

태양은
나뭇가지 사이 쪽빛으로
바다를 향하여
금모래 은모래에
눈부시게 빛을 훔친다

바람은 날개를 펴고
휘휘 두르며
구름을 흩으고 파도도 흩으고
내 가슴도 흩고

휘이 날아와
잔디밭 틈 사이에 희망으로
머무른다

잔디밭에 머무는 바람(2)

5월의 잔디는 새풀옷을 입은 처녀다
사랑의 계절만큼이나
따스한 바람은
잔디 위에 눕는다

저 멀리 수평선
찬란한 햇빛은
바람에 깔린 잔디를
축복한다

바람아~ 바람아~
잔디밭에 머무르렴
따스한 너의 사랑이
가슴 뭉클한 소망으로 다가온다

가을비

가을비는
반갑지 않은 손님으로
을씨년스럽게 찾아오네
못다 핀 나뭇가지 봉오리는
마지막 기회 놓칠세라
뭉쳐졌던 꽃망울
터트리네

단풍 지우는 가을비가
오는 님 막을까 봐
심술이 난다

쫓겨가는 가을

창밖에는 스산한 바람결에
단풍잎은 훨훨 하늘에 날고
진눈깨비 겨울 엽서 한 장
월동준비 끝냈냐고 물어온다

날아가는 단풍은
눈 이별하며
내년에 다시 보자
손가락 걸었네

찬바람은 마당을 비질하며
대추잎, 매실잎과 속삭이던
가을의 낭만도 쓸어가고
쓸쓸함만 남긴다

진눈깨비 내리는 마당에
참새 한 마리
흔들리는 빨랫줄에 몸 가누며
친구 부르기에 바빠
짹짹짹

바람은 시샘하여
낡은 창틀을 두들겨 덜컹덜컹
나를 이불 속으로 쫓는다
책 한 권 집어 들고 몸을 묻는다

자연처럼

혹독한 겨울 밀어내고
살그머니 찾아오는 봄

따스한 햇빛은
하얀 이불 걷어내고

생명의 편지 훈훈한
바람에 실려 보낸다

뜨락의 아지랑이
아롱아롱 춤을 추니

속일 수 없는 자연 속에
내 영혼을 묻고 싶다

가을 밤

별빛 반짝이는 가을밤
찌르르 찌르르 귀뚜라미의 노래로

보채는 아기의 자장가로
들려오고

젖꼭지 물린 엄마는
호롱불 밑에 존다

별빛 하나 영창으로
들어와 꿈을 꾸게 한다

6부
은빛파도

은빛 파도

달빛에 바다는
은빛으로 옷 입고

하얀 돛단배 하나
은빛 물결 가른다

찬란한 아침을 불러오는
갈매기의 노래

행복과의 동행

웃음 주고 건강 주고
언제나 내 곁에 머문다

무겁지도 않고
가볍지도 않다
바람에 곁들어
휘둘리지도 않는다

뜨거운 햇볕에도
검게 물들지 않는다

시름 속에 잠겼을 땐
속삭여 주는 그 미소
행복과의 동행

코스모스 피어있는 길

가을 정취에
커피 한잔 손에 들고
돌담 길 따라 걷다 보니
코스모스 하늘하늘 춤을 춘다

물오른 코스모스가
하늘을 바라보며 애교를 부리고
나를 바라본다

키만큼이나 자란 꽃대는
입맞춤하자고 애교 부리며
맴도는 고추잠자리
거들떠보지도 않는다

갈매기와 파도

하얗게 부서지는
파도 따라
갈매기는 춤을 춘다

파도야 높이 올라라
갈매기가 놀자고 부른다

철썩철썩
꾸억꾸억
화음이 맞는 것일까?

제비가 왔어요

남쪽나라
제비가 봄 편지
물고 왔어요

버들피리 풀피리
꺾어 불면
먼 산에 진달래꽃을 피우고

처마 밑에 새끼들
배고파 엄마 찾는 소리
뜨락에 바둑이도 멍멍

행운의 클로버

클로버 행운의 네잎파리 찾아
동산을 헤맨다

이리 찾고 저리 찾고
눈이 아프도록 찾아도
네잎파리는 보이지 않고

토끼장에 눈 동그란
새끼 토끼만 아른거린다

동시

가로수와 매연

신작로의 매연을
먹고사는 가로수

속 깊은 가로수는
짜증 한번 내지 않고

매연이 없으면
뭘 먹고 살까?

가로수야 배부르니?
매연이 맛나니?

나쁜 매연 흡수하여
공기 청정 시켜주네

사람들의 건강을
해치는 매연

가로수야 고맙구나
언제나 행복하게

웃으며 사랑을
주는 가로수

성황당 까치

성황당 소나무 가지 턱에
까치가 둥지를 틀었네
아침저녁 서로가 인사를 하네

밤이 가고 해가 뜨니
새끼 까치 5마리
주둥이 내밀고 엄마 부르네

썰물과 밀물

바닷물이 빠지고 나니
살금살금 뻘게들이
줄줄이 소풍을 간다

소라, 키조개, 다슬기도
성큼성큼 나들이 준비에 바쁘구나

빨리 다녀와
곧 밀물이 들어올 거야

하얀 눈꽃

산에 산에
피어있는

하얀 눈꽃
병풍처럼 둘려있네

빙수 잔에 올려진 얼음도
하얀 눈꽃으로 피어있네

앙상한 가지에
포근한 하얀 눈꽃 피어있네

할머니 머리에도
하얀 눈꽃이 바람에 날리네

어두운 밤에도
하얀 눈꽃은 밝게 비치네

샴푸하는 소년의 풋내기 까까머리에도
하얀 눈꽃이 피었네

장미의 눈물

빨강 장미, 노랑 장미, 흑장미가
자기의 미를 자랑하며 정원에서
사이좋게 살고 있었대요
어느 날 빨강 장미가
꽃 가게로 팔려 갔어요

노랑 장미, 흑장미와 눈물을 흘리며
이별을 했어요
다음날 노랑 장미도
꽃 가게로 팔려갔어요
흑장미야 이제 우리는 만날 수가 없겠구나 하며
슬피 울고 떠났어요

흑장미도 꽃 가게로 팔려갔어요
이것이 웬일인가요
빨강 장미, 노랑 장미, 흑장미가
같은 꽃 가게에서 만났어요
깜짝 놀란 장미들은 얼싸안고
기뻐서 울었어요

주렁주렁

태양의 사랑을 받은 열매들이
주렁주렁

들에는 황금빛이 나는 벼 이삭이
주렁주렁

밭에는 오곡이 기뻐하며
주렁주렁

전선 줄에는 노래하는 참새들이
주렁주렁

가을을 걷어내는 농부의 땀방울이
주렁주렁

길을 걷는 내 마음에도 낭만이
주렁주렁

봄

봄 바람이 살랑살랑
내 마음도 살랑살랑

길가에 민들레
노랑꽃 방긋방긋

맑은 시냇물 졸졸졸
새싹들이 쏘옥쏘옥

따스한 봄 편지가
온누리에 펼쳐진다

벼 이삭

가을 하늘 햇빛은 밝아
마음마저 상큼해진다

논에는 벼 이삭 사이로
참새 한 마리 날며
그네를 탄다

하얀 손바닥 펴고
그만 놀고 이리 와
참새의 평화를 유혹하고 싶다

눈 미끄럼틀

하얀 눈이 소복이
쌓여있네

꽁꽁 얼었어
조금만 기다려봐

햇님이 빙긋이 웃으며
바라본다
어!
다 녹았네

이젠 됐어
재미있게 놀아보자

산문

상실

뭔가 잃어버린 느낌이 들었다
주머니를 뒤져보고 가방을
뒤적거려 본다
무엇인지 기억은 나지 않지만
무엇을 찾고 있는 건지
한참을 찾다가

문득 화면이 빨리 뒤로 바뀐다
깜짝 놀라 운전대를 잡으니
꽃 한 송이 피어있지 않은
산머루가 눈에 들어오고
잎새조차 흔적 없는 앙상한
나뭇가지가
눈앞에 다가왔다 사라지기를
반복한다.

슬퍼도 배는 고프다
눈물이 나도 먹어야 하고
어느새 아무것도 없는
보이는 건 빈 그릇을 본다

내가 그곳에 가서
잃어버리고 온 것이 무엇인가
생각을 해본다.

돈을 잃어도 살아야 하고
손에 있는 걸 잃고도 살아야 하고
사람을 잃고도 살아야 하는 것이
현실이다
세월이 약이라고
시간 속에 까맣게 멍든 상처로
검정피 토하고도 살아왔구나

남은 건 상처이지만 죽을 만큼
아팠어도 살아있구나

하물며
매운 불닭 이따위쯤은
콩나물국으로 다스리면 되지만

어떻게든 살아가게 되고
어떻게든 살아야 하는데
이렇게 살아서 나는 무엇을
남기고 가는 것인지

누구에게 어떤 의미로 남는 것인지
그것이 무슨 의미가 있는 것인지
하늘이 땅과 바뀐 것도 아니고
이 세상 모든 것은 태엽처럼

맞물려 돌아가고 있는데
나는 어디서 무엇을 하고
그 안에 소속이 되어야 하는 것인지

잃어버린 것 없는데도
잃어버린 상실
머릿속이 맹맹해지며 팽이가
돌아가는 것처럼 회전하고 있다.

독백

이 세상에 수없이 많은 사람들과
부딪힘으로 살아가며
본래의 자기 모습조차 잃어버리면서도
그 부대낌으로 변해져 가고 있다

그래 나는 처음부터 너와 달라
그 다름을 통해 경계를 긋고
생존경쟁으로 서로를 망가뜨린다.

서로 다른 사람들과의
관계는 늘 반복과 질서를
넘어서지 못하고, 오해로
귀결된다.

서로가 서로를 밟고
경계하며 올라서는 모양새는
회사 안이나 밖이나

어느 공동체 속에서나 별반
다르지 않음이...

우리가 사는 세상 모두가
그런 모양인가 보다.

마치 거대한 태엽처럼
조금이라도 소통이 된다 싶으면
바로 맞물려 돌아가다가 또
다른 이해관계인이 등장하게 되면
곧바로 대상을 바꾼다.

어차피 살얼음 같은 관계가
아니었던가라는 생각이 들겠지
자기 자신들만 상처받고 싶지 않은 마음
타인은 어찌 되든 나와 관계가 없다는 마음
너의 불행이 나의 행복이라는 얄궂은 심보

이기적인 마음들이 나이와 직업에 상관없이 맞물려
돌아가며 윤활제 역할을 하겠지

나도 이제는 그냥 손을 놓을 때가 된 것 같다
제자리로 돌아가고 싶다

작은 온기라도 느껴보고 싶어서
시작한 작은 마음이 결국
너덜너덜하게 찢겨진 누더기로
발밑에 뒹군다

가슴 터지게 억울했던 순간도
그냥 그러려니 이해했던 순간도
이젠 그렇지 않겠지라는 근거없는 믿음도
모두 내려놓고

그동안 왜 그렇게 혼자 상처받으며
무엇을 지키기 위해 애를 썼는지
모르겠다는 생각이 든다
하루만 살고 말 사람들처럼
행동하는 그들의 이기심이
더 이상의 노력을 불가능하게 하고
말과 행동의 다름이
유연하게 사는 것인 양
행동하는 모습에 신뢰를 잃었다

그냥 다시 나는 혼자로 돌아온 것일 뿐,
지나간 상처 같은 건 없다.
더 이상 상처 따윈 나에게 없다.

가치

삐거덕 삐거덕
대문 여는 소리마저 저버린 체
가시 많은 탱자 숲에 자신도 모르게
그냥 들어간 것 같은 느낌이 든다

깜깜한 지하창고에 갇혀있는 느낌
아니려니 하지만 그냥 그렇다
눈이 퉁퉁 부을 만큼 흐느끼는 눈물에
소맷자락은 흥건하다

첫사랑은 태어나서 처음이자 마지막이겠지
자랑스러웠던 그날 이것이 얼마나 갈 건지
함박꽃처럼 활짝 벌리는 입술이 얼마나 갈 건가

족두리 쓰고 가래 치르는 날
나는 두려웠다
그래도 그것이 옳은건지

속마음을 들여다보고 싶었다

그 사람은 누구일까
나는 무엇 때문에 여기까지 오게 된 것일까
사랑이라는 두 글자가 무엇이길래
찢어지는 가슴에 상처가
남을 만큼
눈물은 강물 되어 옷자락에 흘러내리고
손수건이 빨갛게 얼룩 질만큼 피를 토하네

돈이 많으면 뭘 해
나는 오늘도 흐느끼는 걸
묵묵히 하루하루 흘러가고
어느새 달은 기울고
새날이 밝았다
그 사람, 달라지는 건 아무것도 없더라

포기할까...
내가 갖고 싶은 건 찾아보았지만 없다
그러려니 하고 지나친다

내 인생의 가치는?
품어주는 것일까 아니 그냥
버려버리는 것 이것이 좋을 것...

엄마의 추억방

내가 말썽을 부릴 때도
엄마는 나를 달래며
너는 커서 훌륭한 사람이
되어야 한다 하시던 엄마

고등학생 때 친구들과 어울려
자전거를 훔쳐타고
다니다가 경찰 아저씨에게 잡혔을 때
엄마는 새벽 두시에 지구대에 오셨다
차마 내 손을 잡으려 했으나
잡지 못했다

양손을 뒤로하고 수갑을 채웠기 때문이다
엄마 수갑 채운 걸 눈치채신 모양 같았다
엄마는 갑자기 바닥에 털썩 주저앉아 통곡을 하시며
경찰 아저씨에게
손이 닳도록 빌고 또 빌며

"우리 애기 살려주세요.
어린 것이 잘못했으니 한 번만 용서해 주세요.
한 번만 용서해 주세요."
통곡을 하시는 모습을 나는 똑똑히 보았다
엄마 다시는 안 할게 울지 마
가슴이 아파 엉엉 울었다

그때 엄마가 없었다면
나는 아마도 지금쯤 어떻게 되었을까

밥을 먹을 때 밥알이 상에 떨어지면
주워 먹으라고 하시면서
농부가 쌀 한 톨을 얻으려고
1년을 피땀 흘려 일을 해야 한다고
말씀하시던 그때가 생각이 난다
잔소리로 들렸는데
지금은 엄마를 볼 수가 없구나

세월에 낡은 사진 한 장 덜렁
남아 있구나

울어도 볼 수 없고, 목이 터지도록 불러봐도
대답이 없는 나의 사랑하는 엄마

천사 같은 나의 엄마
엄마 사랑해요
어머니 가슴에 붉은 카네이션
달아드리고 싶어요

영원토록 불러도 닳아지지 않을 이름이여
엄마! 엄마! 엄마!

수필

벼 짚단 속에서의 꿈

꿈을 갖고 사는 것이 인생인가 보다.
언제나 꿈이 있었던 나.
언니들 오빠들 속에서 공부할 방이 없었다. 짚단을 쌓아 놓은 짚 벼눌을 뚫고 그 속에서 누렁이와 같이 공부를 했다. 항상 누렁이는 나를 지켜주었다. 누룽지를 간식으로 먹으면서 공부를 했다. 추운 날씨에도 짚단 속은 따뜻했다.

그 당시 초등학교 2학년이었다. 댕기 머리에 노란 색동저고리, 빨강 다홍치마, 맹꽁이 신발에 부잣집 막내딸인 나는 춤추며 훨훨 날아 다니며 학교에 등교하곤 했다.

어느 날 짚단 안에 책이 없어졌다. 어머니에게 책 어디 있냐고 물어봤다.

모른다고 하셨다. 책이 없으면 살 수도 없는 시절이었고 학교도 못 다니는 시절이다. 언니나 오빠들이 한 학년 올라가면 물려받아 그 책으로 학교 다니고 하던 시절, 졸업하면 책을 물려받아야 하던 시대였다.

- 졸업 가 -
빛나는 졸업장을 타신 언니께
꽃다발을 하나를 선사합니다.
물려받은 책으로 공부를 하며
우리는 언니 뒤를 따르렵니다.

그 당시 졸업식 노래였다. 물려받은 책 아주 귀한 책이다.

나는 뽕나무 가지를 꺾어서 누렁이를 때렸다. 그리고 마구 울었다. 나는 곧바로 시집간 덕림리 큰언니 집에 가기로 결심했다. 언니 집에 가면 언니가 줄 거라 믿고 집을 나섰다. 버스가 없던 시절이라서 무작정 걷기 시작했다.
하루 종일 걸었다. 해는 지고 어둡기 시작했다. 행안면에 도달했다. 행안 초등학교 교장으로 근무하시는 작은 아버지의 교장관저의 사립문을 열고 작은 아버지를 불렀다. 깜짝 놀란 작은 아버지와 작은어머니가 호야 등불을 들고 나

오면서

"누구야..!!?"

"나왔어, 작은아버지" 하면서 마구 엉엉 울었다.

"어서 들어오너라." 하룻밤을 자고 아침에 차려진 밥상에는 보리쌀을 밥으로 먹는 것이였다.

'작은어머니 왜 보리쌀을 먹어요? 우리집은 보리쌀은 누렁이하고 돼지만 주는데'라고 속으로 중얼거렸다.

그 당시에는 보리밥이 주식이었던 것을 모르고 자랐던 것이다. 아침 일찍 큰 언니네 집을 향해 길을 나섰다.

산길로 가야 한다. 오솔길이다. 조금 으스스하고 무서웠다. 이때 어디선가 들려오는 소쩍새의 노랫소리가 산들바람 타고 숲길 속에 은은하고 고요한 노랫소리와 조금 더 나가니 참새의 행복한 노랫소리가 들려오더니 나비가 훨훨 춤을 추며 날아와서 꽃향기 싸잡으며 춤을 춘다.

나도 함께 춤을 추며 꽃 향기와 참새의 노랫 소리에 취해 시간 가는 줄도 모르고 행복에 취해 걸었다.

"어느덧 해가 서산에 걸려 있구나 어떡하지?" 하고 중얼거리는데 불빛이 반짝반짝 비취는 쪽으로 발걸음을 옮겨 걸어가다 보니 덕림리 언니네 집 앞에 도착해 있었다.

"언니? 큰언니?" 언니는 깜짝 놀라서 맨발로 뛰어나왔다. 언니를 보자마자 마구 엉엉 울었다.

"아이고 우리 막둥이가 왔구나!" 꼭 안아 주었다.

"언니 나 책 좀 갖다 줘 공부하는데 누렁이가 책을 찢어 버렸어"

언니는 빨리 나가더니 책을 가지고 왔다. 보자기에 꽁꽁 싸서 어깨에 메고 다음날 아침 일찍이 길을 나섰다.

언니가 누룽지하고 찐 고구마를 보자기에 싸주면서 배고 프면 먹으라고 하였다. 지금은 그렇게 자상했던 큰 언니가 보고 싶은데 지금은 볼 수가 없다.

집으로 돌아오는 길에 발가락이 너무 아팠다. 땅바닥에 주저앉아서 마구 울었다. 이때 할머니 한 분이 어디선가 오셨다.

"왜 그래? 어디 아파?"

"네. 발가락이 아파요." 할머니는 버선을 벗어주면서 신겨 주셨다.

그리고 산속에 들어가더니 풀을 뜯어다가 입으로 씹어서 내 발에 붙여주시면서 "부잣집 여식이구먼 이건 뭐야?"

"책이어요. 공부하려고요."

"그래? 꿈을 크게 가져야지" 하시고 어디론가 가버렸다. 나는 인사도 못했다.

이제와서 생각해보니 그때 그 시절에는 정으로 살던 시대

였던가 보다.

부안 읍내에 도달했다. 읍내가 떠들썩했다. 떠돌이 약장수가 들어왔다고 어른들이 몰려가시기에 나도 따라갔다.

천만다행으로 동네 어른들을 만난 것이다. 영자 어머니였다. 반가웠다.

연극은 장화홍련전이었다. 연극을 마치고 약을 팔았다. 나도 건위소체환 1봉을 샀다. 동네 어른들과 함께 집에 오는 도중에 어두컴컴한 초저녁이 되었다.

장승배기를 오는 도중에 공동묘가 있는데 묘위에 아줌마가 흰옷을 입고 머리를 길게 풀고 서 있었다.

"영자 어머니 저 아줌마랑 같이 가요."

영자 어머니는 내 손을 꼭 잡으며

"쳐다보지 말고 빨리 와" 하면서 내 어깨에 맨 책보자기를 풀어서 매시고

"빨리 따라와! 손 놓치면 안 돼" 장승배기 고개를 넘어오는데 동네 속으로 질러오는 길에 빈집에서 아기 울음소리가 크게 들렸다.

"빈 집에서 아기가 울어요. 데리고 가요."

"듣지 말고 귀 막고 빨리 따라와 땀이 뻘뻘 나도록 뛰었다."

염방죽 지날때 불이 왔다갔다 하길래

"저 불이 뭐예요?" 하고 물었더니
"묻지 말고 그냥 따라와" 하셨다.
 알고 보니 아이의 울음은 고양이 소리였고, 불빛은 도깨비불이라고 하였다.
 집에 도착했을 때는 늦은 밤이었다.
 어머니께서 다 큰 애가 집을 나가 어디가서 이틀이나 있다 왔느냐고 야단치셨다.
"책이 없어져서 책 가지러 덕림리 큰 언니 집에 가서 책 가지고 왔지"
 오히려 큰소리치면서 마구 엉엉 울어댔다.
"그 먼 곳을 50리나 되는 길을 갔다가 왔어" 하시면서 씻으라고 하셨다.
 둘째 언니가 몸을 씻겨주고 옷을 갈아입히면서
"주머니 돈은 빵이랑 사탕이랑 사 먹었어?"
"아니 건위소체환 사왔어" 하면서 주머니에서 꺼내 놓았다.
 밤새 온몸이 아팠다. 3일을 일어나지 못하고 누워있다가 안되겠기에 공부하기 위해 다시 짚단 안에 들어가서 호롱불을 켜놓고 공부하다가 깜빡 졸아서 그만 호롱불이 넘어져 큰 짚단 한동을 다 태우고 아버지께서 서당 글방에 가서 공부하라고 하셨다.

나는 꿈을 이루기 위해서 열심히 공부했다. 나는 커서 변호사가 되고 싶었다.

동네 남학생 오빠들이 닭 서리하다가 잡히면 감옥에 간다는 것이 어린 마음에 안타까웠다. 이런 모습을 종종 보았다. 돈이 없어서 변호사를 못 사니까 감옥에 몇 개월씩 있는 남학생들이 가끔 있었다.

나는 꼭 변호사가 되어서 억울한 자와 돈 없는 사람들의 편이 되어주고 싶었다. 변호사의 꿈은 사라지고 지금은 목사가 되어 어릴 때 꿈꿔왔던 가난한 영혼들을 끌어안는 삶을 살고 있으며 가끔 태국 끄라비 신학교에 강의도 나가는 보람을 가지고 있다.

어르신이라 불리워진 나이

1949.12.20. 계축생 소띠.
2022년 11월 10일.

　세상에서 가장 행복한 삶은 젊었을 때 부지런히 일하여 노후에 편안하고 안정적인 생활을 하는 것이 복이 아닐까 생각한다.
　아직도 50대의 열정으로 살아왔는데 서울과 전주, 대전을 내 집 동네 한 바퀴 도는 것처럼 느끼며 활동해 왔었다.
　자동차를 운전한지 45년이라는 세월이 훌쩍 지나갔다.

　어느 날 둘째 딸 집을 가려고 서울로 열심히 달리고 있는데 도로가 주차장이 된 만차 상태였다.
　시간은 점점 흘러가고 어두컴컴한 밤이 되어 도로가 좀 풀렸다 싶었는데 뒤차가 갑자기 빵빵거린다. 깜짝 놀라서

브레이크를 밟았다.

갑자기 떨리기 시작하면서 운전할 자신감이 떨어졌다. 진땀을 빼고 서울에 도착했을 때는 밤 10시 30분이었다. 자동차 뒤에 "초보운전"을 붙이게 되었다.

그리고 시속 110km 고속도로를 90km로 달렸다가 이내 속도를 더 줄여 80km로 달렸다.

갑자기 뒤에서 휙휙 지나가는 자동차가 나를 추월하며 아슬아슬하게 앞질러 갔다. 그때마다 심장이 요동을 쳤다.

그 후로 나는 기차를 타게 되었고, 다니다 보니 편하고 돈도 절약이 되었다. 그러던 어느 날 대전에서 서울로 가는 기차 좌석이 매진되었다고 한다.

어떻게 하나 망설이다가 그냥 입석표를 과감하게 사서 기차를 탔다. 타고 보니 오히려 좌석보다 더 편안함을 느꼈다.

전철 타는 느낌처럼 입석 좌석이 길게 있었고, 책을 읽을 수 있는 탁자도 있었다.

'오! 하나님 감사합니다. 이것이 웬일입니까?'
기분이 좋았다.

어느 날 서울 청계천 시장을 가려고 전철표를 사는데

운전면허증이 인식이 되지 않아 표를 살 수가 없었다.

호출을 누르고 조금 기다렸더니 직원이 나왔다.

주민등록증을 보자고 하여서 운전면허증을 보여 드렸더니 "다음부터는 운전면허증 말고 주민등록증을 가지고 오세요."라고 하였다.

"왜 그러세요?" 하고 물었더니

"어르신 연세가 76세여서 운전면허증을 넣으면 인식이 잘 안됩니다."라고 직원이 말하면서 "어르신 조심히 가세요." 하는데 나는 또 한 번 충격을 받았다.

'아니, 내가 어르신이라니.... 벌써 나이가 이렇게 되었나?'

한편으로는 서러웠고, 기가 막혔다. 가슴도 두근거리고 울먹이고 싶어졌다.

혼잣말로 중얼거리면서 '그래 맞아. 내 나이를 까먹었어.'

머리가 띵하지만 인정할 수 밖에 없었다. 눈물이 주르륵 흐르면서 아니 벌써 이렇게 되었다니... 충격이 아닌 충격을 받으면서 문득 생각이 났다.

나의 자녀들이 늘 '엄마 나이를 인정하세요.'라고 하던 말이 생각이 나면서 서글펐다. 그러나 다시 힘을 얻기 시작했다. 갑자기 생각나는 류이치 사카모토의 글이 생각난다.

"나는 앞으로 몇 번의 보름달을 볼 수 있을까?" 류이치 사카모토는 나이 70세가 되면서 앞으로 살아갈 생각을 했던 것이다.

내가 서글퍼서 울고 있으면, 우울증이라는 병마가 나의 마음속으로 들어올까 봐 빨리 얼른 정신을 차리고 툭툭 털고 다시 일어나게 되었다.

청계천을 가려고 전철을 타고 자리에 앉았는데, 옆자리에 앉아 있는 머리가 하얀 어르신이 함께 동행하게 되었다.
나는 말을 건넸다.
"어르신 어디 가세요?"
"노량진시장에 갑니다."
"아... 예."
나이가 많으니 자꾸 잊어버린다고 어르신이 말씀하셨다.
"어르신 연세가 얼마나 되십니까? 80은 안되어 보이시는데요. 아직 젊으셔요. 나이는 숫자에 불과하답니다."
"아이고.... 72살이어요. 70이 넘으니까요. 내 나이를 자꾸만 잊어버려요."
나는 깜짝 놀랐다.
"어르신이 아니구먼, 나보다 3살이나 적으셔요. 동생이구만!" 하면서 한바탕 웃었다.
마음은 지금도 청춘이다.

구경도 다니고 싶고, 설악산도 운전하면서 다니고 싶은 마음이다.

추석이 돌아왔다. 어머니 산소에라도 가봐야지 하는 마음으로 어머니 산소에 갔을 때 할미꽃 한 그루가 묘지 사이에 있었다. 나는 묘지 사이에 돗자리를 깔고 앉아서 시를 썼다. 그 옆에는 계곡이 있었고, 계곡에서 흐르는 물이 졸졸 흘러내려 시내로 내려가다가 강으로 가는 줄기가 있다.

할미꽃을 보면서 썼던 시를 읊어 본다.

- 강 -

묘지 사이에 한 그루의 할미꽃
허리굽어 살피니 소쩍새가 슬피우네
지나가는 나그네 어이하여 울고 있나

슬픔이 물이 되어 흐르고 흐르니
계곡을 이뤄 줄줄 내려 강을 이루네

늦게 깨달은 후회

　새벽길을 걷다가 "밟지 마세요!"라는 발밑에 소리가 들려온다.
　누구일까?
　영롱한 이슬방울이 풀잎마다 아롱아롱 맺혀있고 나의 발은 그 이슬을 무자비하게 밟고 있었다.
　"너였구나.. 아프니?"
　아- 영롱한 맑은 이슬의 아름다움이 눈앞에 가득히 채워진다.
　빛이 오색 빛이었다. 은색인 줄 알았는데 말이야.
　연 분홍빛, 은빛, 연 노랑빛, 연 초록빛, 연 보랏빛 갑자기 황홀해졌다.
　밀려오는 벅찬 가슴 누구에게 말할 수 있을까?
　하늘을 바라보았다. 빛이 둥근 달빛처럼 연분홍으로 시

작하여 점점 둥글둥글 해지며 빨간색을 띤 빛이 나타나더니 점점 흰색의 빛이 비치는데 이 광채가 눈이 부셔서 바라볼 수가 없었다.

  나를 위로해 주는 광채인 것 같았다. 영롱한 이슬방울에서 하나님의 음성이 들려왔다.

  하나님 감사합니다. 그 자리에서 나는 무릎을 꿇을 수밖에 없었다.

  이때 머리에서 온몸이 뜨거웠다.

"용서해야 한다."

  들리는 음성, 이제야 깨닫게 되는구나!

  용서 한 줄 알았는데 아니었구나!

  모진 비바람 고난 굶주림 속에 어린아이 등에 업고 모내기, 공사장, 연탄장수, 식당 일 마다하지 않고 돈만 된다면 다 했었는데, 몸을 사리지 않고 해왔는데 어느 날 암이라는 큰 병이 눈앞을 어둡게 했다.

  그 당시에는 지금처럼 의료기술이 발달되지 못하여 암이라 하면 사형선고나 마찬가지였다. 암 환자 90%는 사망하였기 때문이다.

  아이들은 어렸다. 중학생이 2명, 고등학생이 2명 수업료가 100만 원이 넘었다. 나에게는 큰돈이었다.

  이겨내야지 아이들을 건사해야 한다. 죽기 아니면 살기였다.

몸을 돌아볼 새 없었다.

투병 속에서도 돈이 앞섰다.

여자의 힘으로 할 수 있는 것은 다 해보았다.

심지어 철물 가게까지 해 보았다.

참으로 힘든 세월이었지만 멈추지 않는 세월 속에 견뎌낸 인고의 아픔이 조개 속의 진주처럼 여물어가면서 마음속에 새겨진 글들을 쓰다 보니 마음속 깊이 묻어두었던 상처를 주고 떠나 버린 그 사람이 떠올랐다.

이를 악물고 뒤돌아 보지 않고 앞만 향해 달려온 나에게 '용서!, 용서!!' 하면서 한없는 눈물이 쏟아져 나왔다.

잊어버렸던 지난 세월들이 갑자기 생각이 나며 눈물이 쏟아져 나왔다. 왜 생각이 날까... 말라버린 줄 알았던 눈물이 하염없이 흘러내린다.

울고 또 울고 울었다.

'아!! 그 사람이 나를 만나 얼마나 힘들게 살았을까! 나와는 완전 반대의 사람인데...' 이것을 늦게나마 깨닫게 되면서 한없는 감사와 고마움의 눈물이 또 흘러나왔다.

이제는 후회도 용서도 막을 내린 것 같다.

흘러내리는 눈물은 영롱한 이슬을 더욱 빛나게 했다.

괜찮니?

초판 1쇄 인쇄 2024년 4월 25일
초판 1쇄 발행 2024년 5월 1일

지은이 : 이명선
편집자 : 현수지
펴낸곳 : 상지출판사
주　소 : 대전광역시 중구 보문로 294, 3층
전　화 : (042) 226-3114
팩　스 : (042) 638-1415
E-mail : gack0191@daum.net
등록번호: 제2020-000029호

ISBN 979-11-92850-16-0
값 15.000원

이 출판물은 저작권법에 의해 보호를 받는 저작물이므로 무단 복제할 수 없습니다.
잘못된 책은 구입처에서 교환하여 드립니다.
*저자와의 협의에 의해 인지를 생략합니다.
본 서적은 국립중앙도서관과 한국출판 협동조합에 등록되어 있으며, 교보문고, 알리딘등 온라인 서점에서 구입할 수 있습니다.